HÉMIACHROMATOPSIE DROITE ABSOLUE

CONSERVATION PARTIELLE

DE LA

PERCEPTION LUMINEUSE ET DES FORMES

ANCIEN KYSTE HÉMORRHAGIQUE

DE LA

PARTIE INFÉRIEURE DU LOBE OCCIPITAL GAUCHE

PAR

Le Dr VERREY

Médecin oculiste à Lausanne.

PARIS

G. STEINHEIL, ÉDITEUR

2, RUE CASIMIR-DELAVIGNE, 2

1893

HÉMIACHROMATOPSIE DROITE ABSOLUE

CONSERVATION PARTIELLE DE LA PERCEPTION LUMINEUSE ET DES FORMES. — ANCIEN KYSTE HÉMORRHAGIQUE DE LA PARTIE INFÉRIEURE DU LOBE OCCIPITAL GAUCHE.

Les cas d'hémiachromatopsie publiés jusqu'ici sont très peu nombreux. On a conclu de la perte des deux moitiés homonymes du champ visuel des couleurs à l'existence probable dans une partie de l'écorce cérébrale d'un centre spécial du sens chromatique. Mais il manquait jusqu'à présent un cas dans lequel l'autopsie vint confirmer cette hypothèse. En outre plusieurs des cas d'hémiachromatopsie observés étaient accompagnés de troubles de la lecture, depuis une simple dyslexie jusqu'à une véritable cécité verbale. Le cas que je vais relater ici et que j'ai pu suivre pendant plus d'un an, a l'avantage d'être un cas d'hémiachromatopsie franc. A part le trouble de la vue, il n'existait aucun symptôme qui pût fairé croire à une affection cérébrale ; pas de troubles aphasiques, pas de cécité verbale proprement dite, pas de parésies ou de paralysies des extrémités. Enfin, l'examen nécroscopique du cerveau a confirmé l'hypothèse généralement admise d'un centre cortical du sens chromatique, hypothèse qui a cependant été combattue par quelques auteurs, et en particulier par Schneller (1) qui a cherché à expliquer ces symptômes par une lésion du chiasma ou de l'une des bandelettes optiques. Cet examen du cerveau nous a fait découvrir dans la partie inférieure du lobe occipital gauche une lésion ancienne très nettement localisée.

Schneller. *Arch. f. Ophthalt.*, t. XXVII, p. 76.

Mme R., 60 ans, Neuchâtel, se présente à ma consultation le 4 octobre 1887. Elle se plaint de ne plus pouvoir lire facilement depuis quelques semaines. Après avoir lu quelques lignes elle se sent fatiguée et doit mettre son livre de côté ; elle croit qu'il y aurait lieu de lui prescrire des lunettes plus fortes. Elle rapporte cet affaiblissement de la vue à un embarras gastrique qu'elle a eu vers la fin de juillet de la même année.

Placée devant l'échelle de Snellen et après correction de son hypermétropie par un verre convexe de 2 D., Mme R. accuse une acuité visuelle centrale de 3/4. Si nous armons ses yeux de verres convexes appropriés, la malade lit les plus petits numéros des échelles typographiques de Snellen. L'examen ophthalmoscopique ne révèle pas quoi que ce soit d'anormal du côté des nerfs optiques, de la tache jaune ou du reste de la rétine. Les pupilles réagissent normalement et il n'y a aucun trouble du côté de l'appareil musculaire. Je prescris des verres convexes et renvoie la malade. Peu de jours après, elle me revient, disant que, quoiqu'elle voie très nettement avec ses nouveaux verres, cependant elle ne peut s'appliquer à la lecture comme autrefois, et qu'elle paraît voir comme un léger brouillard à droite. Je pense alors à un trouble de la vision indirecte et examine le champ visuel en faisant compter les doigts dans ses diverses directions. Examiné de cette façon il ne paraît pas y avoir de lacune du champ visuel.

Désirant cependant m'assurer s'il est tout à fait normal, je fais asseoir Mme R. devant l'arc gradué du périmètre. Je mesure le champ visuel au moyen d'un carré de papier blanc de 1 centim. de côté. Je trouve un léger rétrécissement concentrique de 15° à 20° dans toutes les directions. Passant alors à l'examen du champ visuel pour les couleurs, mesuré avec des papiers colorés de 1/2 centim. de côté, je constate une hémiachromatopsie droite absolue et complète, c'est-à-dire que dans la moitié intégrale du champ visuel binoculaire la perception chromatique est abolie, dans toute cette partie la sensation produite par un papier coloré est celle du gris, et il faut que ces papiers soient amenés jusque sur le point de fixation pour que la couleur en soit reconnue. Par contre, la perception chromatique existe dans la moitié gauche du champ visuel, mais avec un rétrécissement assez considérable, qui peut être dû, en partie du moins, à la trop petite dimension des papiers colorés dont je me suis servi. En résumé, la moitié droite de chaque rétine fonctionne normalement, la moitié gauche a perdu la faculté de percevoir les couleurs.

Cependant puisque Mme R. se plaignait de voir une ombre du côté droit, je soupçonnai que la perception lumineuse n'était pas absolument normale dans la moitié droite du champ visuel, et je suivis pour en faire l'examen la méthode indiquée par le Dr Eperon dans son observation d'hémiachromatopsie (1). La malade est placée devant le périmètre dans une chambre close de toutes parts. On fait glisser le long de l'arc du périmètre un morceau de papier gris et l'on note la distance à laquelle la flamme d'une petite bougie doit être éloignée pour que le morceau de papier ne soit plus perçu. Je trouvai ainsi constamment que la lumière devait être beaucoup plus rapprochée pour que le papier gris fut perçu par la moitié gauche de la rétine que par sa moitié droite.

La diminution de la perception lumineuse mesurée de cette manière pouvait être évaluée à 1/8 à peu près.

Il restait encore à déterminer si, dans la moitié droite du champ visuel, la perception des formes était normale. Je suivis pour cet examen la méthode des isoptères (Hirschberg), c'est-à-dire des courbes d'égale acuité visuelle excentrique. Je notai donc pour les différents méridiens à quelle distance du point de fixation étaient reconnues des lettres de différentes hauteurs.

Voici les résultats pour le méridien horizontal :

	Lettres de 4 1/2 cent. de hauteur.	Lettres de 2 1/4 cent. de hauteur.	Lettres de 1 cent. de hauteur.
Œil droit.			
A gauche.	22⁰	15⁰	5⁰
A droite,	7⁰	3⁰	3⁰
Œil gauche.			
A gauche.	30⁰	15⁰	5⁰
A droite.	6⁰	3⁰	0⁰

Il existe donc une diminution sensible de l'acuité visuelle indirecte pour la moitié droite du champ visuel.

J'avais repris entre temps l'histoire de la maladie et j'avais

---

(1) EPERON. *Archives d'ophthalmologie*, t. IV, n° 4, juillet-août 1884.

appris qu'en juillet 1886, Mme R... fut prise un jour, pendant qu'elle s'occupait dans son jardin, d'étourdissements si violents qu'elle fut sur le point de tomber. Ces vertiges furent suivis de vomissements, mais la malade ne perdit pas connaissance. Douleur violente sur le vertex. Comme les vomissements se reproduisirent le lendemain et pendant quelques jours, Mme R... fut soignée pendant une dizaine de jours pour un embarras gastrique. C'est en se relevant et en voulant lire que la malade s'aperçut qu'elle ne lisait plus avec la même facilité qu'autrefois. Elle certifie n'avoir eu à aucun moment de trouble de la parole, mais elle note que sa mémoire s'est un peu affaiblie, qu'elle a plus de peine à trouver certains mots, surtout ceux qui ne sont pas d'un usage courant. Elle écrit facilement, spontanément et sous dictée.

Si nous examinons de plus près la manière dont lit Mme R... nous notons qu'elle lit lentement mais couramment. Ce n'est qu'en présence de mots polysyllabes qu'elle hésite un peu, elle parait les déchiffrer en deux fois, mais elle n'est jamais obligée d'en arriver à un travail d'épellation. Lorsque je lui fais voir un mot un peu long, tel que : *typographie*, ou *historiette*, et qu'elle fixe la première lettre du mot elle dit ne voir bien nettement que les 4 à 5 premières lettres, les autres sont brouillées. Aussi la lecture la fatigue-t-elle et elle met bientôt le livre de côté. Elle lit aussi facilement l'écriture que l'imprimé, reconnaît les chiffres et fait ses comptes comme autrefois. Je note enfin que Mme R... lit sans difficulté quelques phrases que je lui écris sur papier blanc, avec des crayons de couleur, rouge, bleu ou vert. On sait que les personnes atteintes d'hémianopsie droite lisent sans trop de difficulté et de fatigue, malgré l'absence de la moitié droite du champ visuel, en suppléant à cette absence par les mouvements des yeux. Le léger degré de dyslexie que nous constatons chez Mme R... est-il donc uniquement de cause oculaire, ou avons-nous peut-être affaire à un trouble mental ?

Berlin (1) et Nieden (2) ont décrit une forme spéciale de dyslexie caractérisée par une impossibilité absolue de lire plus de quelques mots de suite. Le temps qui s'écoule entre le com-

---

(1) BERLIN. *Eine besondere Art von Wortblindheit (Dyslexie).* Wiesbaden, 1887.
(2) NIEDEN. *Archiv. f. Augenheilkunde.* Bd. XVII, p. 162.

mencement de la lecture et celui où ce trouble se manifeste peut être considéré comme n'étant que de quelques secondes ; le malade, après avoir lu trois ou quatre mots, s'arrête tout à coup et met brusquement le livre de côté comme si la vue même de l'imprimé lui était insupportable. Ce trouble une fois établi, il existe pour un moment une impossibilité absolue de lire un mot de plus. Devons-nous faire rentrer dans ce cadre le léger degré de dyslexie observée chez Mme R. ? Chez elle la fatigue ne se faisait sentir que graduellement et après quelques minutes de lecture ; de plus, avec un effort, elle pouvait être continuée pour un moment encore. Il me paraît en tous cas que la diminution de l'acuité visuelle indirecte constatée dans la partie droite du champ visuel, ne rend pas suffisamment compte de la difficulté que la malade éprouve à lire. Il est donc probable qu'en un point quelconque de son parcours la transmission intracérébrale des images visuelles jusqu'à tout centre de perception, avait très légèrement souffert. Il existait en un mot un faible degré d'asthénopie cérébrale.

Cet état est resté sans modification appréciable depuis le moment de la première attaque en juillet 1886 jusqu'en mars 1888 où la malade fut emportée par une attaque d'apoplexie.

J'eus l'occasion d'examiner de nouveau Mme R. et reprendre son champ visuel quinze jours avant sa mort. Je ne notai aucun changement important. La perception lumineuse paraissait cependant s'être affaiblie encore dans la moitié droite du champ visuel. Le papier blanc était vu plus gris qu'un an auparavant.

Disons enfin pour compléter l'histoire de la malade, qu'entre la première attaque finale, Mme R. eût à trois ou quatre reprises ce qu'elle appelait ses petites attaques, et qui consistaient en un étourdissement passager, suivi de vertiges, de douleurs de tête violentes sur le vertex et parfois de vomissements ; jamais de perte de connaissance.

Le 20 mars à 5 heures du soir Mme R. tombe subitement sans connaissance dans un magasin de la ville où elle se trouvait, faisant quelques emplettes. On la porte chez elle, et son médecin appelé en toute hâte constate une hémiplégie gauche absolue, anesthésie cutanée de tout le corps, vomissements violents et convulsions cloniques et toniques de la face et du côté droit. Depuis, le 21 mars, les convulsions s'arrêtent ; dans les jours suivants le coma devient plus profond, la respiration stertoreuse ; mort le 28 au matin.

Autopsie, le 28 à 5 heures de l'après-midi. — La boîte crânienne est ouverte avec précautions ; dure-mère très adhérente au crâne. Rien d'anormal dans les membranes d'enveloppe.

Les deux hémisphères cérébraux sont soigneusement séparés l'un de l'autre par une coupe verticale divisant le corps calleux et passant par le 3e ventricule et la base du cerveau. Une 2e coupe faite dans l'hémisphère cérébral droit à la hauteur du corps calleux, nous montre une hémorrhagie considérable qui a creusé dans cet hémisphère une cavité de la grosseur d'un œuf de poule, a détruit tout le centre ovale, les ganglions centraux, et a pénétré dans le ventricule latéral droit ; l'hémorrhagie a pénétré à gauche la substance du corps calleux jusqu'à 1 centim. de profondeur. Nous ne nous arrêtons pas plus longtemps à la description de ce foyer récent.

L'hémisphère de gauche est expédié de suite à M. le Dr Burkhardt, l'éminent directeur de l'Asile d'aliénés de Préfargier (Neuchâtel), qui a bien voulu se charger d'en faire l'examen avec moi. Voici le rapport qu'il nous a remis :

La surface convexe de l'hémisphère gauche soumis à mon examen présente un type assez riche de circonvolutions. Les plis principaux offrent beaucoup de détails et les lobes se distinguent bien les uns des autres.

C'est surtout le cas dans la région où le lobe occipital se rencontre avec le temporal et le pariétal, le sillon occipital antérieur prenant naissance dans le sillon préoccipital et remontant sans interruption jusque vers la scissure interpariétale. De ce fait résulte, que le lobe occipital se détache nettement des deux autres.

Par contre les plis courbe et supra-marginal ne se limitent entre eux que par une ligne un peu arbitraire.

La pie-mère s'enlève facilement et sans léser la substance de l'écorce. La pie-mère enlevée, on remarque quelques petites taches d'un rouge foncé qui occupent le point de réunion du lobe cunéiforme avec les lobes fusiforme et lingual, par conséquent l'extrémité postérieure de la surface médiane du lobe occipital (fig. I, a) ; mais la surface de l'écorce est restée complètement lisse.

Une autre tache d'un rouge vif se présente dans la section longitudinale du corps calleux (fig. I, b). Dans son centre se trouve un vaisseau thrombosé.

Le tout est de la grandeur d'une fève.

A part ces deux lésions l'hémisphère cérébral parait parfaitement normal.

La préparation est alors englobée dans la masse hectographique et placée dans le caisson du microtome Gudden, de façon à donner des coupes horizontales. (Comp. *Centralbl. f. mediz. Wissenschaften*, 1881, n° 29).

La coupe d'un cerveau frais a l'avantage de laisser voir toutes les nuances de couleur et de faire ressortir par ce fait les diverses substances du cerveau normal ainsi que les foyers pathologiques. Il s'agit là, bien entendu, d'un examen macroscopique et à faible grossissement (12 à 20). Mais cette façon de procéder suffit complètement dans des cas de ce genre. Les coupes se suivant de très près, il n'est guère admissible qu'un foyer, quelque petit qu'il soit, échappe à l'œil de l'explorateur. Dans ce cas le cerveau a été coupé en tranches de 2 millim. et de 1 1/2 millim. seulement d'épaisseur à l'approche du foyer occipital. Pour mieux me rendre compte de la région touchée par la coupe, j'avais coloré différemment les plis supra-marginal, courbe, occipital II et cunéiforme.

Les plis occipitaux I et III, les plis lingual et fusiforme, ainsi que les plis temporaux restaient à leur état naturel, mais se distinguaient facilement des autres.

Je dirai dès l'abord, que sauf les deux affections susmentionnées aucun autre foyer ne s'est présenté. Les lobes pariétal, temporal et frontal de même que les grands ganglions et les masses blanches ont été trouvés à leur état normal. Seulement les vaisseaux fins présentaient la dégénérescence athéromateuse, altération qui dans le lobe occipital paraissait s'accentuer davantage. Les taches roses cadavériques se trouvaient également dans le même lobe en plus grand nombre qu'ailleurs.

Il ne me reste donc qu'à parler des deux foyers en question.

1° *Foyer du corps calleux* (fig. I, b). — Ce foyer situé à la limite du tiers antérieur et du tiers moyen est une déchirure hémorrhagique fraiche qui a réduit en bouillie rouge l'intérieur (de la moitié gauche) dudit organe sur une longueur de 2 centim. en-

viron. Évidemment il s'agit là d'une lésion en rapport avec l'hémorrhagie foudroyante qui en détruisant une partie de l'hémisphère droit a mis fin aux jours de la malade.

2° *Foyer du lobe occipital* (fig. I, a ; fig. II, III, IV, V). — Il se
trouve entre le plancher de la corne postérieure (du ventricule
gauche) et la surface basale du lobe occipital. Il n'a pas de com-
munication directe avec la cavité du ventricule ; seulement un
vaisseau induré et thrombosé (de l'épaisseur d'une aiguille à
tricoter) descend de la paroi médiane de la corne sur le sommet
dudit foyer.

Ce dernier commence immédiatement au-dessous de la cavité
du ventricule lui-même (fig. II). Il occupe la substance blanche
de la troisième circonvolution occipitale ; puis il détruit plus ou
moins complètement la substance blanche de l'extrémité occipitale des circonvolutions linguale et fusiforme, et celle de la pointe
postéro-inférieure du pli cunéiforme.

Vers la base du cerveau il s'approche de la surface médiane
du lobe occipital (fig. IV et V) sans percer l'écorce complètement.
Toutefois en détruisant ses couches profondes il lui donne la couleur chocolat mentionnée ci-dessus.

Le foyer appartient à la catégorie des kystes hémorrhagiques
organisés. Il renferme une cavité irrégulière qui par places est
tapissée d'une membrane cicatricielle et qui contient des particu-
les d'une substance grumeleuse de couleur chocolat.

Dans sa plus grande étendue sagittale (fig. III), le foyer mesure 3 centim. 1/2, et 1 centim. en large.

Son diamètre vertical est de 1 centim. 3/4.

La substance blanche bordant le côté latéral du foyer se trouve
par places à l'état de ramollissement blanc. De ce qui précède il
ressort que ce foyer n'est pas de date récente, et qu'il doit son
origine à une hémorrhagie passablement antérieure à celle du
corps calleux.

Des huit cas d'hémiachromatopsie publiés jusqu'à aujourd'hui,
trois sortent de la clinique de M. le Dr Landolt à Paris. Ce sont
les cas de Charpentier, thèse de Paris, 1877, Eperon (*Arch. d'opht.*,
t. IV, 1884), et, enfin, un cas publié récemment par M. le Dr Landolt à l'occasion du jubilé de Donders, Utrecht, 27 mai 1888.
Parmi les cas observés jusqu'à présent, les uns ont été accompagnés de cécité verbale totale ou partielle, les autres paraissent

en avoir été exempts. Chez le malade de M. le Dr Eperon il y avait une dyslexie très accusée ; les mots courts, les monosyllabes étaient reconnus par lui plus aisément que les mots plus longs ; les termes usuels un peu mieux que les noms inconnus ou rares, ces derniers exigeant un travail d'épellation très laborieux. Le malade de M. le Dr Landolt offrait un type remarquablement pur de cécité verbale accompagné d'hémiachromatopsie. Notre malade accusait il est vrai une fatigue cérébrale toute spéciale après quelques minutes de lecture. Il y avait chez elle un état d'asthénopie cérébrale bien caractérisé, mais il n'y avait pas de dyslexie proprement dite, et pas traces de cécité verbale. D'autres de ces cas d'hémiachromatopsie publiés jusqu'ici, paraissent aussi avoir été exempts de troubles de la lecture. Nous sommes donc autorisés à affirmer que l'hémiachromatopsie de cause cérébrale, ayant son siège dans l'hémisphère gauche, peut exister sans être accompagnée de cécité verbale.

On sait qu'il en est de même de l'hémianopsie. M. J.-L. Prévost dit déjà en 1883 que l'on peut citer des cas d'hémianopsie cérébrale sans cécité verbale (1), mais il ajoute que l'on trouve aussi des cas de cécité verbale sans hémianopsie. C'est la seconde partie de cette proposition que réfute le Dr Bernard (2) dans sa thèse, lorsqu'il dit que ni l'hémiopie, ni en son absence un symptôme équivalent n'ont fait défaut dans aucun cas de cécité verbale où l'examen de la vue a été convenablement pratiqué.

Il ressort déjà de cette proposition que le centre cortical de la perception lumineuse doit être suffisamment éloigné de la partie de l'écorce où réside la mémoire visuelle des mots pour que le premier puisse être détruit ou lésé sans que la seconde en souffre. D'autre part, puisque la cécité verbale est toujours accompagnée d'hémianopsie, ou j'ajouterai d'hémiachromatopsie, il faudrait supposer que les fibres nerveuses qui transmettent les impressions lumineuses reçues par deux moitiés homogènes de la rétine jusqu'à leur centre de perception fussent dans une partie de leur trajet dans le voisinage immédiat du centre de la mémoire visuelle des mots.

Les deux cas cités plus haut d'hémiachromatopsie accompa-

---

(1) J.-L. Prévost. Aphasie (Cécité et surdité verbales). *Revue médicale de la Suisse romande*, 1883, n° 11.

(2) Dr Bernard. *De l'aphasie et de ses diverses formes*. Paris, 1885.

gnés, l'un, de dyslexie très prononcée, l'autre, de cécité verbale bien caractérisée, avaient autorisé ces observateurs à conclure que le centre cortical du sens chromatique devait se trouver dans le voisinage immédiat du centre visuel des mots, c'est-à-dire un peu en arrière du lobule pariétal inférieur gauche. Plus en arrière se trouverait le centre pour la perception des formes et à la pointe du lobe occipital le centre destiné à la perception de la lumière (1).

La lésion cérébrale que nous avons trouvée à l'autopsie de notre malade, ne vient pas à l'appui de cette hypothèse. Elle se trouve dans la partie tout à fait inférieure du lobe occipital gauche et par conséquent fort éloignée du centre visuel des mots.

Jusqu'à ce que de nouvelles autopsies viennent confirmer ou peut-être modifier les conclusions suivantes, voici celles qu'il me paraît permis de tirer de l'observation que je viens de relater et de l'autopsie du cerveau de Mme R...

Le centre du sens chromatique se trouverait dans la partie la plus inférieure du lobe occipital, probablement dans la partie postérieure des plis lingual et fusiforme. Plus haut, et vers la partie supérieure du lope occipital, se trouverait le centre de la perception lumineuse, et probablement entre les deux le centre pour la perception des formes, qui est celui qui, dans notre cas comme dans celui de M. Eperon, après le centre du sens chromatique, avait le plus souffert.

Il me paraît en outre que ce cas parle en faveur de la disposition étalée des trois centres visuels et non pour leur disposition stratifiée. Seulement ces centres au lieu de s'étaler sur l'écorce, d'arrière en avant, c'est-à-dire de la pointe du lobe occipital à la région du lobule pariétal inférieur, s'étaleraient de haut en bas, de la région de la première circonvolution occipitale à la base du lobe occipital, aux plis lingual et fusiforme.

Les fibres qui rayonnent de ces centres visuels et forment les radiations optiques de Gratiolet, passeraient non loin du centre de la représentation visuelle des mots, dont la lésion produit la cécité verbale.

Une hémorrhagie par exemple qui atteindrait la partie posté-

---

(1) Eperon, *Loc cit.*, p. 369,

rieure du lobule pariétal inférieur et le pli courbe et détruirait plus ou moins profondément à ce niveau la substance blanche sous-corticale, détruirait en même temps tout ou partie des fibres qui émanent des circonvolutions occipitales, et se dirigent vers la partie postérieure de la capsule interne, que Charcot a dénommée le carrefour sensitif.

Cependant cette hypothèse qui permettrait de comprendre pourquoi la cécité verbale est habituellement accompagnée d'hémianopsie, n'explique pas sa coïncidence avec l'hémiachromatopsie. On sait, en effet, que les fibres émanant du centre chromatique et de celui de la perception des formes se mettent en connexion avec les cellules du centre visuel général et que probablement les radiations optiques de Gratiolet ne sont pas formées de faisceaux distincts de fibres émanant de chacun des trois centres visuels, mais bien d'un mélange intime de ces trois ordres de fibres, ayant toutes préalablement traversé le centre de la perception lumineuse. Wilbrandt (*Ophthalmiatrische Beitraege zur Diagnostik der Gehirn-Krankheiten*), a établi, en effet, qu'on ne trouve dans aucun cas une hémianopsie des formes avec conservation de la perception lumineuse et chromatique, ni une hémianopsie pour la lumière blanche avec conservation de la perception des formes et des couleurs. Une lésion des radiations optiques de Gratiolet ne produirait donc jamais d'hémiachromatopsie, mais toujours une hémianopsie totale.

Ceci nous rend très difficile l'interprétation des cas ou la cécité verbale est accompagnée d'hémiachromatopsie, s'il se confirme par de nouvelles autopsies que c'est bien dans la région des plis lingual et fusiforme que siège habituellement le centre du sens chromatique. Nous en sommes réduits à des hypothèses plus ou moins probables. On pourrait supposer par exemple que dans les cas en question il y aurait eu simultanément une lésion du lobule pariétal inférieur et de la partie inférieure du lobe occipital, ou bien, ce qui est bien peu probable, que les fibres commissurales émanant des parties de l'écorce où réside le sens chromatique, passeraient non loin du centre cortical de la mémoire visuelle des mots, avant de se rendre dans les cellules du centre visuel général.

Tout ceci nous montre combien de questions sont encore à résoudre dans ce domaine des localisations cérébrales et combien nous nous moûvons encore sur un terrain peu ferme. Cependant toute nouvelle contribution à cette étude a son importance pour d'édification de ce monument dont Charcot et ses élèves ont été les fondateurs, et c'est là ce qui m'a engagé à publier l'observation précédente.

LÉGENDE.

Fig. I. — lq. Lobe quadrilatère. — oɪ. Pli (circonvolution) occipital supérieur (premier). — oɪɪɪ. Pli (circonvolution) occipital inférieur(troisième). — cf. Lobe (pli) cunéiforme (coin). — ff. Lobe (pli) fusiforme. — lg. Lobe (pli) lingual. — cc. Corps calleux. — a. Foyer du lobe occipital. — b. Foyer du corps calleux.

Note. — Par suite du transport et des diverses manipulations que la préparation a dû subir, l'hémisphère s'est notablement aplati. Il en résulte que les circonvolutions Oɪ. Oɪɪɪ, ff et lg, se présentent presqu'au même plan que les circonvolutions cf., lq. et les autres qui appartiennent réellement à la surface médiane du cerveau. Par la même raison la pointe du lobe temporal s'est abaissée, ce qui du reste s'est corrigé lorsque la préparation a été coulée dans la masse hectographique.

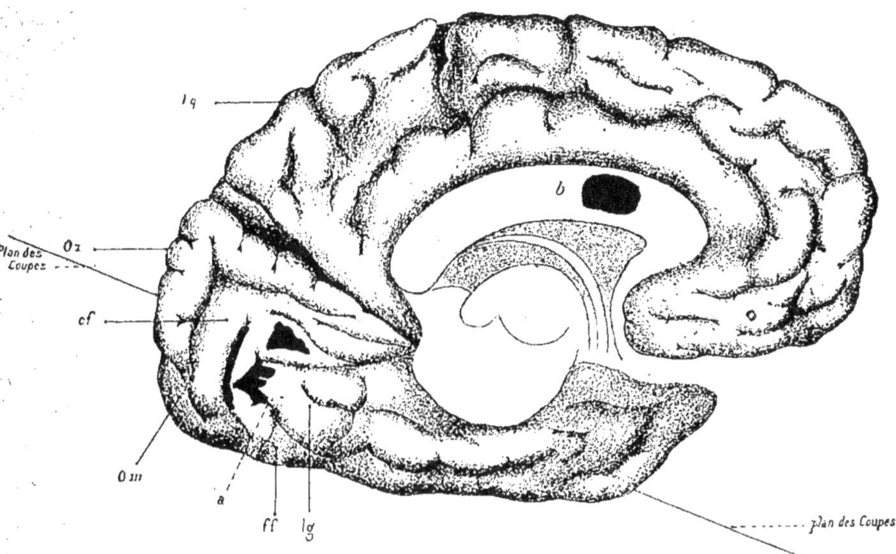

Fig. 1

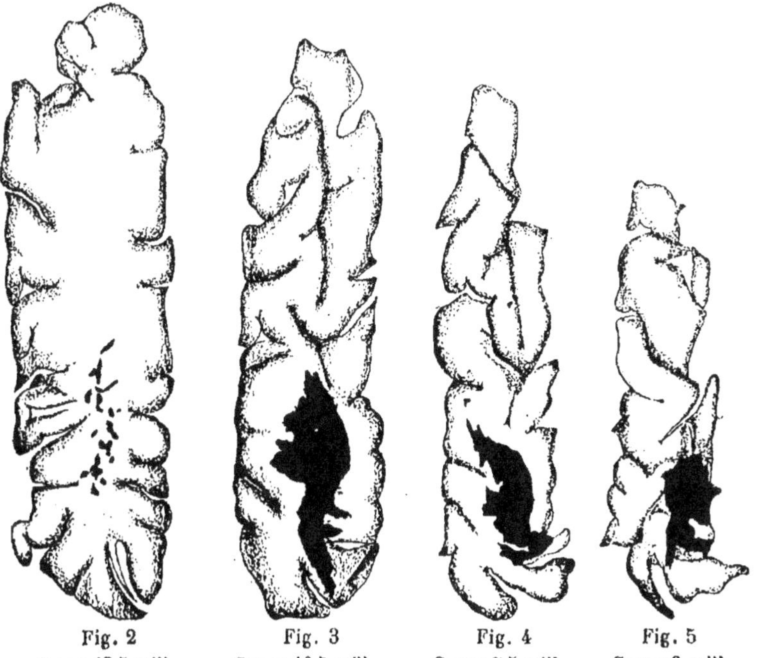

Fig. 2
Coupe 13,5 mill.

Fig. 3
Coupe 10,5 mill.

Fig. 4
Coupe 7,5 mill.

Fig. 5
Coupe 6 mill.

au-dessus de la surface basale du lobe occipital.

Imp. G. Saint-Aubin et Thevenot, Saint-Dizier (Haute-Marne) 30, passage Verdeau, Paris.